Colorisation : Guylène Pinto

1, rond-point du Général-Eisenhower, 31101 Toulouse Cedex 9, France

Dépôt légal : avril 2021
ISBN : 978-2-4080-1457-5
Achevé d'imprimer au 1er trimestre 2021 par Pollina, Luçon - 95810
Ce livre a été imprimé sur du papier issu de forêts gérées durablement.
Plus d'informations sur la fabrication de nos livres :
editionsmilan.com/comment-fabriquons-nous-nos-livres

PEFC
10-31-2065

Nathalie Dargent

Yannick Thomé

LES INSÉPARABLES

Tom triche à l'école

BD KIDS

Ce lundi-là...
Bravo, les enfants...
... vous avez bien travaillé.
Tu as fait des progrès, Tom.
Continue comme ça.
Tom Le Floch
A
Anglais
Colorier de la même couleur le nombre et son écriture en lettres :
11
17
13
15
20
fifteen
eleven
twenty
seventeen
thirteen

J'ai eu deux fautes au contrôle, c'est nul.
Moi, j'ai tout bon !
Moi aussi.
Normal, ton papa est anglais.
Yes, my dear !
Et toi ? C'est ta grande sœur qui t'a fait travailler ?
Non ! J'ai regardé sur Polina pendant le contrôle.

Tu as copié ?
Non ! J'ai juste regardé quand je savais pas.
C'est ça, copier !
Polina, elle a une nounou américaine.
Du coup, elle est forte en anglais.
Pourquoi ça t'embête, puisqu'on a la même note ?
Mais enfin...
... c'est pas juste d'avoir tout bon comme ça !

J'ai pas raison ?
Heu...
Ça m'est égal.
Moi aussi.
Pourquoi tu as fait ça ?
C'est pour mes parents !
Les notes, c'est super-important pour eux.

Tom ?
Maman m'a montré ton devoir.
Bravo ! Je suis fier de toi. Tu es un champion en anglais.
Maintenant, faut être le premier partout ! Comme ta sœur.
Mes enfants sont trop forts.

Le lendemain.
T'es fou de tricher. Moi, je ne pourrais pas.
J'ai trop peur de la maîtresse.
Moi aussi, j'ai un peu peur, mais je fais attention.
Je regarde sur Polina quand le maître ne me surveille pas.
Ma maîtresse, elle voit tout.
Ha ha ! C'est pas possible…

Bon, on joue maintenant ?
Comment tu es sûr que le maître ne te surveille pas ?
J'attends qu'il tourne le dos.
Tu regardes le maître et sur Polina en même temps ?
Faut être super-malin, c'est sûr.
Tu crois que je suis pas assez maline ?
Ha ha ! J'ai pas dit ça.
Tu ne vas pas tricher, toi aussi ?

On dirait que tu trouves ça bien.
Mais non, je veux comprendre le truc.
Ce qui est bien, c'est d'avoir une bonne note.
Si on jouait à chat glacé ?
OUAIIIIIIIIIIIIIIIIS !
Chat !

Le jour même...
Ces dernières semaines, nous avons appris l'addition avec retenue.
Avez-vous des questions sur cette leçon ?
L'addition avec retenue.
Non ? Personne ?
Parfait. Si tout le monde a compris...
... interro-surprise !
J'en étais sûre !

Quatorze plus trente-deux égalent ?
14 + 32 =
29 + 12 =
25 + 35 =
18 +
Vingt-neuf plus douze égalent ?
Vingt-cinq plus trente-cinq égalent ?
Dix-huit plus dix-neuf…
Faites attention…
… alignez bien les dizaines.

Peu après.
Bravo, Parfait !
14 + 32 = 46
29 + 12 = 41
25 + 35 = 60
18 + 19 = 37
Tout le monde a trouvé ces résultats ?
Oui !
Non.
Oui.
Ceux qui ont compris, bravo.
Les autres, ne vous inquiétez pas...
... nous la reverrons, cette leçon.

Ce soir-là, après l'école.
On a gagné, on a gagné...
Quand c'est triché, c'est pas gagné.
Pff, t'es jaloux, c'est tout.
Jouets
Non.
Je ne suis pas jaloux. Je trouve ça nul. C'est pas juste.
Ah si, c'est juste, puisqu'on a tout bon !
Polina et Parfait ont tout bon. Pas vous...
Exactement ! Du coup, c'est pas juste pour eux.
Ils n'ont qu'à faire pareil s'ils veulent.

Hi hi !
Non merci ! Je n'ai pas du tout envie de copier sur ma voisine.
Ah oui ? Pourquoi ?!
Dis tout de suite qu'Aminata est nulle.
Non, pas du tout...
Je préfère trouver tout seul. Je n'aime pas tricher.
Ok, mais, nous, on ne triche pas : on vérifie qu'on a bon.
C'est pas de la triche.
Et alors vous aviez tout bon ?
Heu...
Presque.

De toute façon, je ne vois pas le problème.
On est amis, on partage !
Quand tu te sers sans demander, c'est du vol.
Dis donc, on n'est pas des voleurs !
Si c'est comme ça, on les regardera plus, vos réponses.
On n'a pas besoin de vous.
Salut !
Merci, Parfait. Sympa, l'amitié.
J'ai rien dit, moi.

Le lendemain matin.
Dictée
« Des fleurs merveilleuses…
… poussent…
… dans le jardin.
Et personne ne peut… »
Arrête !
AH ?!
?

Aminata ? Pourquoi ton cahier est dans l'allée ?
Je sais pas. Il est sorti tout seul du casier.
Bien, reprenons cette dictée !
Sauf toi, Aminata.
Pourquoi ?
Je préfère que tu révises les mots dans ton cahier.
Au moins tu apprendras quelque chose.

Après l'école.
Désolé, je voulais pas te faire peur.
C'est ma faute... pas la tienne.
Ah si, c'est un peu lui.
Ne t'en fais pas, le maître ne dira rien à tes parents.
Bouhou...
On partage mon mouchoir ?
Ah oui, tu es ami avec elle aujourd'hui ?
Merci...
Pouet !
En plus, je la connaissais par cœur, la dictée...

Je ne sais même pas pourquoi j'ai sorti mon cahier.
Allez, c'est pas grave...
Tu feras plus attention la prochaine fois.
Non. Je ne veux plus tricher... C'est trop nul.
Bon d'accord. Mais, jouer au foot, ça te dit ?
Oui...
Ouaiiiis !

Hé ?!
Buuut !

Tu as pris le ballon avec les mains. C'est de la triche.
J'ai pas triché. J'ai changé les règles.
Quoi ? On peut changer les règles ?
Ben...
OK !
Mais... ?
BUUUUT !

T'es zinzin ? On joue au foot, pas au rugby.
C'est du foot. J'ai changé les règles.
Si tout le monde change les règles, on peut plus jouer.
C'est pas drôle.
Alors on fait quoi ?
Bon. Moi, je rentre.
On joue plus ?
Non, je dois réviser la poésie pour demain.
Pareil, salut !
Au moins, avec la poésie, personne ne peut tricher.
À demain, Tom !

Tu es déjà là ? Pas de foot avec tes amis ce soir ?
Si. J'ai gagné.
Aminata a triché parce qu'elle n'aime pas perdre.
Quand on ne veut pas perdre, il faut être le meilleur.
Au fait, ta dictée s'est bien passée ?
Super, j'ai eu zéro faute.
Bravo ! Ça, c'est mon champion !

'lut.
Salut, Toto !
Ffff.
Ça va, Toto ?

Pas trop.
Je me suis disputé avec mes copains.
Mais non ?! C'est la catastrophe...
Allez... Je parie que demain vous serez à nouveau inséparables.
Et je dois apprendre une poésie pour demain.
Super ! C'est cool, les poèmes. Tu veux de la compote ?
Nooooon...

Qu'est-ce qui t'arrive, Toto ?
C'est ta poésie ? Elle est trop dure à apprendre ?
Je sais pas. Je suis nul.
Pourquoi tu dis ça ? Ça marche bien, l'école, en ce moment.
Papa n'arrête pas d'en parler. « Mon fils est génial », « mon fils est le premier »...
Oui, mais... en vrai... c'est pas vrai.
J'ai triché. Pour avoir de bonnes notes.
Et que les parents soient contents.
Oh ?

C'est horrible : tout le monde croit que je suis bon.
Mon pauvre Toto...
Tu sais, moi aussi, souvent, j'ai peur d'être nulle.
Tu es super-forte en classe.
Ha ha ! J'espère bien : je n'arrête pas de travailler.
Mais, moi, je suis trop bête.
Enfin, Tom...
Si tu crois que tu es bête, c'est que tu ne l'es pas.
Viens, on va l'apprendre ensemble, ce poème.

Plus tard.
Une fourmi parlant français, Parlant lapin et javanais...
poésie
Hu hu ! Parlant latin !
Parlant latin... Ça n'existe pas...
Ça n'existe pas. Heu...
Et pourquoi pas ?
Et pourquoi pas ! Robert Desnos.
Bravo !
Tu la connais presque, mon Toto.
Hi hi hi !
Et, demain, tu te réconcilies avec tes amis.
Promis !

Le lendemain.
Hé ho, les amis !
Salut, Tom !
T'as pris ton ballon pour jouer à n'importe quoi ?
Pardon pour hier, j'ai triché. Il faut pas toucher le ballon.
Ben non... Ni l'attraper comme j'ai fait.
La prochaine fois, tout le monde respecte les règles.
Crotte ! Je ne gagnerai jamais si je ne peux pas tricher.
Oups, monsieur Doré. À mon tour de faire des excuses.
Je t'accompagne !

Elle a du courage, Aminata.
Et, Tom, pourquoi il va voir le maître ?
Vous croyez qu'il lui dit... pour la triche ?!
Ça va, Aminata ?
Moi, ça va, mais, Tom, il est fou : il raconte tout au maître !
Wah, il a du courage, lui aussi.

Peu après.
Aujourd'hui, avant de réciter la poésie, on va parler de vous.
Qu'est-ce qu'on apprend à l'école ?
Vie de classe !
Lucas ?
On apprend à lire et à écrire, à compter...
Oui. Quoi encore ?
Les évènements du passé, et à quoi ressemble le monde.
On découvre des livres, et des chansons...
On apprend à réfléchir.
Oui, vous avez tous raison.

Et tout ça n'arrive pas au hasard : on suit un programme.
C'est quoi, un programme ?
C'est tout ce qu'on doit apprendre pour passer dans la classe d'après.
Les additions avec retenue, par exemple ?
Oui. L'an dernier, les additions simples. Maintenant, celles avec une retenue.
Quand on a compris une étape, on passe à la suivante.
3
+
5
=
8
Les choses se compliquent petit à petit.
2,7
+
4,6
=
?
Et, chaque fois que vous apprenez quelque chose, vous grandissez.
7,3

Alors pourquoi je fais des interrogations, Aminata ?
Pour être sûr qu'on a compris la leçon.
Oui ! Ce n'est pas pour vous juger. Je veux vous aider à progresser.
Et pourquoi c'est nouille de tricher ?
Parce qu'on fait croire qu'on comprend, alors que non.
On n'apprend rien.
Moi, je veux apprendre plein de choses. Plus tard je serai savante.
J'inventerai des robots géniaux !
Eh oui ! L'école, c'est pour vous, pour construire votre vie.

Après, on a donné nos idées de métiers… Moi, c'est sport.
D'après le maître, l'école, ça rend libre.
Libre de réfléchir, de choisir son avenir…
Quand même, j'aimais bien les bonnes notes.
Mon père va penser que je suis nul.
Mais non ! Et il peut t'aider à travailler.
T'es pas nul ! Tu es à l'école pour apprendre.
On est des enfants, on ne peut pas tout savoir.
Sinon, on n'irait plus à l'école.
Peut-être qu'un jour on saura TOUT !

Et puis tu n'auras pas de mauvaises notes avec la nouvelle règle du maître.
C'est quoi ?
On ne fait pas l'interro si on n'a pas compris.
Monsieur Doré préfère qu'on passe l'heure à réviser qu'à tricher.
C'est génial comme idée !
Vaut mieux ne pas avoir de note qu'avoir celle du voisin.
Ah oui. C'est sûr !
Hé, qui veut faire la course ?
Moiii !

Cinq… quatre… trois…
… deux-un-partez !
Le dernier arrivé est un crabouillon poilu !
Gagné !
Mais… tu as triché ?!
Là, c'est pas de la triche : même si j'étais partie après vous…
… j'aurais gagné ! Ha ha ha !
Ha ha ha !

À la maison.
Dame !
Aaaah !
Désolé, tu vas perdre. Hop ! Hop !
Qui gagne cette fois ?
Encore ton fils !
Gagné !
Laisse-le gagner au moins une fois, sinon il va bouder.
Ah non, ça serait de la triche.
Tu n'as pas envie de tricher quand tu perds ?
Oh lala, plus vraiment. Mais à ton âge je n'arrêtais pas.
Ah oui ?
Tu m'étonnes ! J'étais très mauvais joueur.

Et à l'école ? Tu trichais ?
Dames
Sans doute, parfois, comme tout le monde...
Peut-être plus que mes copains.
Vraiment ?
Dames
Oui ! Je voulais de bonnes notes pour faire plaisir à mon père.
Sauf qu'on travaille pour soi, pas pour les parents.
C'est mon maître qui nous l'a expliqué.
Il a bien raison. Les parents se rassurent avec les notes, mais c'est idiot.
Ce qui compte, c'est apprendre. Faire des progrès.
Bravo ! Comprendre ça, c'est un sacré progrès, Tom.
Tu m'aides à réviser ma poésie ?
Pourquoi pas ?!

Le lendemain.
Un volontaire pour dire le poème ?
Poésie : La fourmi Robert Desnos
Tom ?
Une fourmi traînant un char
Plein de pingouins et de canards,
Ça n'existe pas, ça n'existe pas...
Une fourmi parlant français,
Parlant lapin...
Parlant latin !
Latin... Heu... Heu...
Latin et javanais...
Ça n'existe pas, ça n'existe pas...
ET POURQUOI PAS ?
Ha ha ! Là, j'avoue, ce n'est pas de la triche...
... c'est de l'amitié !
Fin

Et toi, comment réagirais-tu ?

Pour chaque situation, choisis la bulle qui te correspond le plus.

1 Contrôle-surprise de grammaire ! Mais tu n'as pas assez révisé…

- Ma voisine est super-forte, je pourrai copier !
- Super, j'adore les contrôles-surprises !
- Oh lala, comment je vais faire ?!
- Tant pis, au moins je verrai si j'ai compris la leçon.
- Je suis confiant(e), ça va aller !
- Je prépare mon cahier pour vérifier les réponses si je ne sais pas.

2 Tu fais une partie de cartes avec tes copains, et tu es en train de perdre…

- Ni vu ni connu, je pique discrètement quelques cartes…
- Gagner, perdre… L'important, c'est de jouer !
- Je fais semblant de bouder pour les faire rire.
- Heureusement, c'est moi qui compte les scores !
- C'est sûr, mes copains ont triché !
- Je suis déçu(e), mais je reste souriant(e).

3 Tu as finalement raté ce contrôle de grammaire.
Comment l'annonces-tu à tes parents ?

Promis, je ferai mieux la prochaine fois !

J'ai raté, mais les autres ont encore plus raté !

Désolé(e), j'aurais dû mieux réviser...

J'ai raté, mais au moins je n'ai pas copié !

Je n'en parle pas !

En corrigeant le contrôle, j'ai mieux compris la leçon.

4 En cours de sport, tu te rends compte qu'un élève a triché.

Bien joué, personne n'a rien vu !

Si c'est comme ça, je ferai pareil à mon tour !

Si j'osais faire ça, j'aurais peut-être de meilleurs résultats...

Ça m'est égal, ça ne change rien pour moi.

Je me moque gentiment : c'est pas comme ça qu'on devient un champion !

Je vais tout de suite voir le maître.

Résultats !

Compte le nombre de symboles de chaque couleur et découvre ton profil.

Tu as plus de  : **tu triches souvent !**
Comme Tom, il t'arrive régulièrement de tricher en classe pour rapporter de bonnes notes à la maison. Mais ce n'est pas la solution : les résultats, ce n'est pas le plus important ; ce qui compte vraiment, c'est de faire des progrès !

Tu as plus de  : **il t'arrive de tricher.**
Comme Aminata, tu détestes perdre, et, si pour ça il faut tricher, tu n'y vois pas d'inconvénient, à l'école comme au jeu ! Mais n'oublie pas qu'on apprend de ses erreurs, et que c'est en se trompant qu'on devient meilleur.

Tu as plus de  : **tu détestes la triche.**
Comme Lucas, tu trouves que, copier sur les copains, c'est nul. Et puis ce n'est pas juste pour ceux qui ont bien travaillé. Mais tes camarades manquent peut-être de confiance en eux : tu pourrais les aider en leur proposant de réviser avec eux ?

Ne t'en fais pas si aucune couleur ne domine. Lis le profil de chacune de tes couleurs : chacun te correspond un petit peu.

Tu as plus de  : **ça te fait rigoler.**

Comme Léa, tu ne triches pas, mais, quand tu vois les autres faire, ça t'amuse plutôt ! Tu as raison de ne pas les juger. Mais, en trichant, ils perdent une occasion de tester leurs connaissances. C'est dommage ! Tu peux le leur expliquer gentiment.

Tu as plus de  : **ça ne t'intéresse pas.**

Comme Parfait, la triche, tu t'en moques. Toi, tu adores apprendre des choses, réfléchir, et trouver tout(e) seul(e) les bonnes réponses. C'est chouette ! N'hésite pas à partager ton attitude positive avec les copains !

Tu as plus de  : **ça te fait peur !**

Comme Juliette, tu as parfois envie de tricher, mais tu ne le fais pas… par peur de te faire attraper. En grandissant, tu comprendras qu'il vaut mieux ne pas tricher, non par crainte, mais parce que c'est plus intéressant de réussir par soi-même.

Retrouve

LES INSÉPARABLES

dans leurs aventures :

Nathalie Dargent
Yannick Thomé
LES INSÉPARABLES
Les parents de Lucas divorcent
BD KIDS

Nathalie Dargent
Yannick Thomé
LES INSÉPARABLES
Parfait est victime de racisme
BD KIDS

Nathalie Dargent
Yannick Thomé
LES INSÉPARABLES
Juliette est fière d'être une fille
BD KIDS

Nathalie Dargent
Yannick Thomé
LES INSÉPARABLES
Léa part en classe verte
BD KIDS

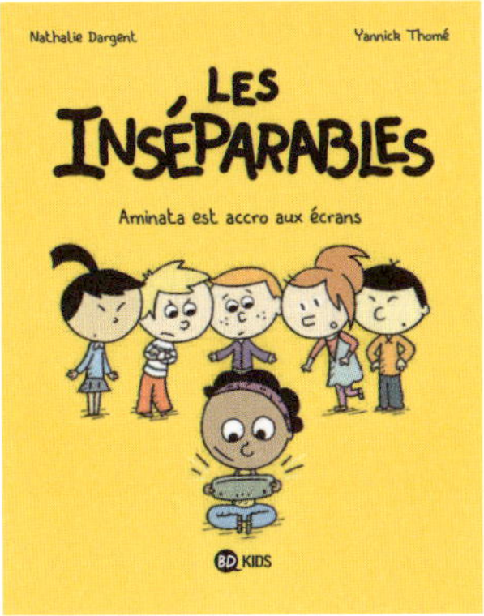
Nathalie Dargent
Yannick Thomé
LES INSÉPARABLES
Aminata est accro aux écrans
BD KIDS

Nathalie Dargent
Yannick Thomé
LES INSÉPARABLES
Parfait a peur de l'école
BD KIDS

Nathalie Dargent
Yannick Thomé
LES INSÉPARABLES
Juliette se fait harceler
BD KIDS